AF236012

Loslassen, Baustein der Lebenskunst

Von Frank Kralemann

Buchbeschreibung:

Loslassen gehört zum Leben dazu. Sich von Dingen und Menschen zu trennen ist nicht einfach, gehört aber zu einem gelungenem Leben dazu. Darum geht es in diesem Buch.Wie man ein besseres Leben mit weniger Ballast führen kann.

Über den Autor:

Frank Kralemann hat schon viele Bücher geschrieben. Meist Ratgeber zur Lebensgestaltung/Lebenskunst. Er hat vier Kinder und wohnt in der Nähe von Bielefeld.

Loslassen, Baustein der Lebenskunst

Besser Leben

von Frank Kralemann

Bod - Books on Demand

Norderstedt

1. Auflage, 2021

© 2021 Alle Rechte vorbehalten.

Herstellung und Verlag:

BoD - Books on Demand Norderstedt

ISBN: 9783754308981

Loslassen, Baustein der Lebenskunst

Einleitung

Lieber Leser, danke dass sie dieses Buch gekauft haben. In dieser Reihe" Bausteine der Lebenskunst" geht es darum wie sie besser leben können. Wie in allen meinen Büchern, möchte ich, dass sie ein Bewusstsein davon bekommen, wie wichtig das Loslassen und lassen für ihr Leben ist. Ich weiß, dass es manchmal schwer ist, loszulassen. Wenn Sie ein Bewusstsein dafür haben, das Loslassen und Veränderung Bausteine des Lebens sind, fällt es Ihnen in der Zukunft eventuell leichter. Das ist das Ziel dieses Buches. Bewusst mit Verlust und Loslassen umzugehen. Gelassener werden, konzentrierter, wie sie mehr von ihren Zielen erreichen. Weniger Zeit mit Dingen vertun, die Sie nicht weiter bringen, Energie abziehen. Mehr positive Kontakte bekommen und einfach mehr von ihrer kostbaren Lebenszeit haben. Veränderungen gehören zum Leben dazu. Leben bedeutet immer auch Bewegung. Zur Veränderung gehört auch das Loslassen. Ständig müssen wir unser Leben den Gegebenheiten anpassen. Partnerschaften ändern sich, Arbeitsplätze kommen und gehen. Und das bedeutet eben halt auch loslassen. Loslassen kann eine Befreiung sein, kann aber auch sehr weh tun, wenn man von einem Partner verlassen wird, ist das manchmal sehr schmerzhaft. Was sie in diesem Buch lernen sollen ist, dass Loslassen ein normaler Prozess im Leben ist, wir es annehmen müssen, besser noch begrüßen. Weil, wer loslässt, bietet Platz für Neues. Loslassen bedeutet auch weglassen, lassen im Sinne von Annehmen und im Prinzip alles, was mit Veränderung zu tun hat. Alles, was mit nicht anhaften oder besitzen zu tun hat. Wir Menschen leben in der irrigen Annahme, je mehr wir hätten, desto mehr wären wir oder unser Leben wertvoller. Das stimmt nicht. Je mehr wir haben, desto mehr haben die Dinge auch uns. Alles, was wir besitzen, hat nicht nur Geld gekostet in der Anschaffung, sondern braucht jetzt Hege und Pflege. Wir müssen uns darum kümmern. Aber auch nicht nur die materiellen Dinge, sondern auch die nicht materiellen Dinge kosten uns Zeit und Aufmerksamkeit. Sie werden in diesem Buch lernen, zu akzeptieren, was ist. Anerkennen was ist und nicht versuchen, die Wirklichkeit zu ändern. Dinge, die wir nicht ändern können loslassen. Sie werden lernen alte Gewohnheiten, aus einem früheren Abschnitt ihres Lebens zu identifizieren und loszulassen. Ihr Leben dadurch aufzuräumen und die Ordnung und Struktur ihres Lebens den jetzigen Bedürfnissen anzupassen. Dadurch werden sie automatisch produktiver. Ich werde Ihnen in diesem Buch erklären, warum wir Menschen nicht ändern können und sie deswegen so annehmen sollten, wie sie sind. Dieses Buch soll Ihnen helfen, entspannter durch ihr wunderschönes Leben zu gehen.

Loslassen ist kein Verlust

Loslassen ist kein Verlust, sondern in Wirklichkeit ein Gewinn. Vielleicht sehen Sie es im Moment anders, wenn zum Beispiel eine Partnerschaft in die Brüche gegangen ist. Loslassen gibt Ihnen die Möglichkeit, wieder neue Dinge in ihr Leben hinein zu lassen. Nur wenn sie loslassen, haben Sie Platz. Anklammern und nicht loslassen können verlängert den Schmerz. Wenn Sie überlegen, was das Wichtigste in ihrem Leben ist, dann kommen Sie auf die Zeit. Die Zeit können Sie nicht ersetzen. Alles andere schon. Denken Sie daran, wenn Sie Angst vor dem Verlust haben. Geht eine Tür zu, gehen andere Türen wieder auf. Worum geht es im Leben eigentlich? Es geht immer auch um Möglichkeiten. Für sie nur das Beste. Warum sollen sie sich mit Schwierigkeiten abgeben, warum sollen sie sich von anderen Menschen schlecht behandeln lassen? Trennen Sie sich! Lassen Sie los, es wird andere Menschen geben, die den Platz der jetzt freigeworden ist, ausfüllen. Mit denen sie besser leben können, die neues Positives in ihr Leben hineinbringen. Wer loslassen kann, hat mehr Möglichkeiten. Loslassen können ist eine wichtige Kompetenz. Auch wenn es manchmal schmerzt (Liebeskummer).

Du bist dein Gehirn

Dein Gehirn bist aber auch du. Das Gehirn ist die
materielle Basis unseres Denkens. Das Gehirn ist
unser Sein. Zumindest unser bewusstes Sein. Die
Synapsen sind unser Gedächtnis. Und unser
Charakter. Wir können die materielle Basis unserer
Gedanken ändern, indem wir anders denken. Anders
denken und daraufhin andere Emotionen bekommen.
Alles ist mit allem verknüpft. Wir merken, dass unser
Gehirn gut funktioniert, wenn wir mit unserer
Umwelt und uns selbst gut klarkommen. Fühlen wir
uns immer schlecht und haben immer oder oft
Probleme mit dem außen, dann müssen wir in
unserem Denken etwas ändern. Allerdings müssen
wir dann die Automatik, das automatische Denken
und funktionieren ändern. Wir müssen innehalten
und einen Schritt zurücktreten. Aufmerksam sein.
Dann überprüfen was falsch läuft. In dem Modus
Recht zu haben funktioniert das natürlich nicht. Wenn
wir in diesem Modus sind, ist im Außen, etwas falsch.
Jetzt haben wir natürlich nicht nur den Anlass unser
Denken zu überprüfen, sondern wir könnten
versuchen im Außen etwas zu ändern. Was aber
natürlich sehr schwierig ist schwieriger als sich selbst
zu ändern. Man weiß es einfach nicht. Oft muss man
noch etwas annehmen. Davon handelt das nächste
Kapitel. Wir können nicht gegen die ganze Welt
ankämpfen. Das Leben ist begrenzt und in Abschnitte
eingeteilt. Zeitlich. In jedem Lebensabschnitt haben
wir andere Aufgaben und andere Prioritäten. Wichtig

ist, das zu erkennen. Wir sollten immer wissen, in welchen Abschnitt wir gerade sind, danach unser Leben einrichten und natürlich vorher unser Denken. Wie wir natürlich auch immer unser Denken überprüfen müssen, ob es noch angemessen ist und unserem Leben nützt. Im Idealfall passt alles zusammen, dass außen mit dem innen, die Emotionen sind angemessen und hilfreich. Dann freut sich unsere Seele. Wie können wir überprüfen, ob unser Gehirn richtig funktioniert? Ganz einfach, wie kommen Sie im Moment in ihrem Leben klar? Ist es stimmig, fühlen sie sich in ihrem Leben zu Hause, dann ist alles in Ordnung. Haben Sie ständig Probleme, fühlen sie sich gestresst, unter Druck? Haben Sie öfters Auseinandersetzungen im beruflichen oder privaten Bereich. Suchen Sie doch einmal die Gründe bei sich und in ihrem Denken. Meist sieht man den eigenen Splitter im Auge nicht. Oft liegen die Gründe für Ärger und Stress ganz dicht vor einem, doch man sieht sie nicht. Legen Sie von Zeit zu Zeit eine Selbstreflexion ein. Wo stehe ich, ist es der richtige Standpunkt für mich? Wo will ich hin? Ist der Weg, den ich jetzt gehe, der Richtige?

Klarheit

Ich finde Klarheit, ist das Wichtigste im Leben. Um klar zu sein, muss man denken und entscheiden. Viele Menschen reagieren nur in ihrem Leben, warten ab und hoffen auf das Beste. Was sich allerdings nie einstellen muss. Wir sollten unser Leben lieber planen und für Klarheit sorgen. Klarheit, bedeutet zu wissen, was ist in meinem Leben jetzt los, wo stehe ich. Ist das, was in meinem Leben ist, das Richtige für mich. Wenn es etwas Falsches in meinem Leben gibt, dass mein Leben nicht bereichert, sondern Energie abzieht, sollte ich mich davon trennen. Zu viele Menschen, zu viele Dinge. Dann muss man sich davon trennen loslassen. Obwohl loslassen natürlich zunächst schmerzt. Doch wie der Volksmund richtig sagt: Die Zeit heilt alle Wunden! Schauen Sie wo sie im Leben stehen. Es ist ein Unterschied ob sie kleine Kinder im Haus haben, oder ob die Kinder aus dem Haus sind. Ob sie in einer Partnerschaft sind oder alleine. Ob sie sich auf die Rente vorbereiten oder noch 40 Jahre arbeiten müssen. Dann schauen Sie, ob das, was in ihrem Leben ist, Ihnen mehr Energie gibt oder etwa Energie abzieht. Ob es mehr Freude bringt oder Stress. Treffen Sie eine Entscheidung. Schreiben Sie alle Dinge die in ihrem Leben sind auf, machen Sie ein Plus hinter den Dingen, die ihnen Freude bringen, ein Plus für die Dinge die in ihrem Leben bleiben müssen und ein Minus für die Dinge die aus ihrem Leben entfernt werden können. Dann handeln sie. Es geht um sie, es geht um die Ressourcen die sie haben.

Um ihre Zeit, ihr Geld, ihre Energie letztendlich um ihre Lebensfreude.

Seelenruhe

Seelenruhe, der Gleichmut der Seele. Das ist das, was wir anstreben. Ein erhabenes Gefühl, alles läuft. Es gibt nicht mehr so viel Stress, weil wir sind mit uns im reinen. Das, was wir in unserem Leben haben wollten, ist drin. Natürlich sind nicht alle Wünsche erfüllbar. Der Zustand der Seelenruhe gleich dem der Zufriedenheit. Es ist gut, wie es ist. Wir wissen, wer wir sind und wo wir stehen. Alles das in unserem Leben ist, ist o. k. Wir führen ein gutes Leben und sind dankbar dafür. Die Partnerschaft läuft, wir brauchen uns um unseren Broterwerb keine Sorgen zu machen. Wenn wir morgens aufwachen, begrüßen wir den Tag. Wir freuen uns über einen nächsten wunderbaren, schönen Tag. Seelenruhe ist ein Zustand der Gelassenheit. Wir wissen, dass wir mit dem, was uns an diesem Tag begegnen kann, klarkommen. Wir haben die Kompetenzen, darum geht es auch beim Loslassen. Alles das, was die Seelenruhe stört, aus unserem Leben zu schmeißen um dann mit uns selbst im Reinen und in Frieden, zufrieden zu sein.

Akzeptieren was ist

Akzeptieren, was ist, hört sich zunächst einfach an, ist aber sehr schwer. Es gibt Probleme, die kann man per Definition ändern und es gibt Umstände, die kann man nicht ändern. Umstände sind zum Beispiel das Wetter, ihre Firma und das Land, in dem sie leben. Wir können ein Auto reparieren, aber nicht das Wetter ändern. Wir können uns dementsprechend anziehen, damit uns das Wetter nicht beeinflusst. Ich hatte mal einen Kollegen, der hatte sich ein neues Smartphone zugelegt und auch eine Wetterapp darauf geladen. Morgens sagte er dann: Heute scheint die Sonne."Jedoch gab es mittags einen Platzregen und da wir draußen arbeiteten, wurde er nass. Empört sagte er zu mir, die Wetter App hätte doch gutes Wetter vorausgesagt. Ich fragte ihn dann, wo wollen wir anrufen? Bei Gott, oder bei dem Erfinder der Wetter App? Er wusste auch keine Antwort, ich riet ihm dann, sich dementsprechend anzuziehen. Es gibt für uns immer drei Möglichkeiten, mit Umständen umzugehen. Wie ich oben schon geschrieben habe, kann man seine Firma nicht ändern. Wenn einem die Arbeit nicht gefällt, kann man entweder versuchen sich zu arrangieren, sich weiterhin ärgern, oder kündigen. Andere Möglichkeiten gibt es nicht. Wenn man glaubt, man wäre auf diese Arbeit angewiesen, ist es besser man arrangiert sich, anstatt sich andauernd weiterhin zu ärgern. Was ist besser? Weinen oder lachen? Natürlich lachen. Manchmal gibt es aber auch so eine

Alltagskomik, dass man gar nicht anders kann, als zu lachen. Aufregen, oder gegen Umstände an zu arbeiten, kostet nur viel Energie, die wir nicht haben. Darum ist es besser man arrangiert sich mit den Umständen, wenn man sie nicht ändern kann. Im Volksmund heißt das dann:"Wir machen das Beste daraus!Es ist wichtig, zu erkennen, ob es ein Problem oder ob es die Umstände sind. Wenn wir das identifiziert haben, können wir uns überlegen, was das Positive an diesen Umständen ist. Umstände, die man nicht ändern kann, sind auf jeden Fall eine Lernaufgabe. In meiner Welt gibt es keine Fehler, sondern nur Lernaufgaben. Und eine Lebensregel ist: Eine Lebensaufgabe wiederholt sich so lange, bis sie gelöst ist. Früher war eine meiner Aufgaben auch neue Kollegen einzuarbeiten. Einer dieser Kollegen, erzählte mir, er hätte schon 35 verschiedene Arbeitsstellen gehabt. Ich fragte ihn, wie das möglich ist. Er erzählte mir, dass entweder der Chef oder die anderen Angestellten das Problem waren. Er wäre ständig gemobbt worden. O. k., dachte ich, dann wird es ja nicht lange dauern und dann gibt es auch bei uns Ärger. Genauso war es dann auch. Es dauerte nicht lange und er fühlte sich wieder mal zurückgesetzt. Wechselte dann zu einer anderen Firma, wo er aber wieder nicht lange blieb, weil er sich natürlich überall mit hinnahm. Mittlerweile ist er leider verstorben, sein Herz. Dieser Mann, hat Probleme gesucht und Probleme angezogen. Er war darauf aus Probleme zu suchen, weil er sich als Opfer sah. Und wer Probleme sucht, wer Ärger sucht, zieht diesen auch an. Das ist auch eine Lebensregel. Wenn Sie also in Umständen leben, die mit Widrigkeiten verbunden sind, suchen Sie das Positive. Es gibt überall etwas Positives. Wenn es gar nichts gibt, müssen Sie eventuell sich einen neuen Job suchen. Sie können sich aber auch einfach entschließen ihren Job zu lieben. Das dürfen Sie natürlich nicht ihren Kollegen erzählen, weil sonst werden sie aus dem Jammerchor ausgeschlossen. Aber im Jammerchor werden sie sich sowieso nicht wohlfühlen, wenn Sie eine andere Einstellung haben. In meiner Welt gibt es Erdulder und Gestalter. Erdulder sind passiv und versuchen, mit den Gegebenheiten zurechtzukommen. Sie werden sich nicht zu ändern, und sie versuchen auch nicht ihre Einstellung zu verändern. Wenn ihnen ihre Lage nicht passt, suchen Sie sich Kollegen, und dann mit denen gemeinsam im Jammerchor zu singen.

Gestalten Sie, statt immer nur zu reagieren

Wenn Sie Ihr Verhalten analysieren, werden Sie feststellen, dass sie meist auf irgendwelche Umstände reagieren. Was machen Sie, wenn ihr Smartphone klingelt, was tun Sie, wenn Sie eine Nachricht bekommen. Zunächst bekommen Sie ein klein Dopaminschub, ihr Gehirn es neugierig auf das, was gekommen ist. Wie ein dressiertes Hündchen schauen Sie auf den Bildschirm. So ist es mit vielen Dingen, nicht sie bestimmen über ihre Reaktion, sondern Ereignisse, die von außen kommen. Machen Sie jedes Mal ein Strich, wenn sie wieder einen Sprung über ihr persönliches Stöckchen tun. Jemand hält ihnen ein Stöckchen, eine Nachricht hin und sie stürzen sich darauf. Wie eine Maschine, wie ein Roboter. Drücken Sie die Taste. Ich weiß dass das Verhalten schwer zu ändern ist, aber ich möchte mit diesem Buch ein Bewusstsein dafür wecken, ich möchte, dass sie in Zukunft aktiv agieren. Dass sie einen Plan für ihr Leben aufstellen. Was ist in meinem Leben, und ist das, was in meinem Leben ist, hilfreich für mich. Was muss ich loslassen und was muss ich einfügen. Was funktioniert und was funktioniert gar nicht, es gibt in ihrem Leben auch Dinge, die einfach nur Energie abziehen. Die sie irgendwann angeschafft oder in ihr Leben hineingeholt haben, dort sind sie jetzt und ziehen Energie ab. Sie verbrauchen wertvolle Ressourcen, ohne ihnen irgendwie einen Gewinn zu bringen. In den USA boomt das Geschäft mit Garagen und Lagerhallen, in denen Leute ihre Dinge unterbringen können, von denen sie sich nicht trennen können. Sie zahlen lieber jeden Monat 20-30 €, statt einmal eine Entscheidung zu treffen und die Energie aufzuwenden sich von Dingen zu trennen. Das ist die menschliche Natur. Die meisten Menschen hoffen, auf irgendetwas. Doch Hoffnung ist kein guter Ratgeber. Man kann zuversichtlich sein, das bedeutet, dass man eine positive Grundeinstellung zum Leben hat. Allerdings hat die Zuversicht auch eine aktive Seite. Man geht zuversichtlich an einer Aufgabe heran, mit dem Gefühl, ich schaffe das. Hoffnung hat für mich etwas Passives, ich hoffe, das alles gut wird!

Anerkennen

Anerkennen was ist. Die Welt ist wie sie ist! Manche Dinge können wir verändern, manche nicht. Für uns ist wichtig zu erkennen, was wir verändern können und was nicht! Man kann nicht gegen Windmühlenflügel kämpfen. Wir müssen unsere Energien in sinnvolle Bahnen lenken. Die Ressourcen, die wir haben, seien es Zeit, Geld oder Energie sind beschränkt. Wir können Geld immer nur einmal ausgeben, müssen genau überlegen für was. Es sollte immer einen Sinn dahinter stehen hinter den Dingen, die wir tun. Wir werden das Wetter nicht ändern aber wir können die entsprechende Kleidung tragen, um damit klarzukommen. Es gibt immer drei Dinge, die man ändern kann, verändern, rausgehen oder lernen zu lieben. Ein Leben, das immer mit einem Totalschaden endet, mit Garantie, muss gestaltet werden. Wir können nicht einfach so vor uns hinleben. Wir müssen anerkennen, was ist, aber trotzdem immer weitergehen.

Nicht versuchen

Wenn Sie etwas tun, machen Sie es gleich richtig. Es gibt in dieser Welt kein versuchen! Entweder sie tun etwas oder Sie lassen es. Versuchen-was ist das? Es ist im Grunde schon gleich eine Ausrede,für nicht gelingen. So in dem Sinne ich habe es ja versucht. Versuchen ist gar nichts. Wenn Sie etwas tun, dann tun Sie es richtig, mit Vollgas. Leben kann man nicht versuchen, man kann ja nicht versuchen zu atmen. Entweder man atmet, oder man muss sterben. Beides geht nicht. Wenn schon denn schon, in meinem Leben gibt es kein Halbgas. Nur Vollgas. Achten Sie überhaupt auf Ihre Wortwahl. Nie, immer oder aber sind Worte, die sie in Zukunft weglassen sollten. Genauso wie das Wort eigentlich. Eigentlich .... Entweder sollte ich oder nicht. Aber nicht eigentlich. Da Denken in Sprache passiert, bedeutet Sprachhygiene, gleichzeitig die Struktur des Denkens zu verbessern. Wenn Sie darauf achten, bedeutet das nicht gleichzeitig, dass sich ihr Denken ändert, es bedeutet sie sind aufmerksam geworden. Der Spalt zwischen Reiz und Reaktion, den gilt es zu nutzen. Um automatisches Denken und automatische Gewohnheiten zu identifizieren und zu löschen. Auf automatische Gewohnheiten komme ich in einem anderen Kapitel zurück. In diesem Kapitel geht es darum, nicht zu versuchen, sondern es zu machen. Ich denke, ich habe Ihnen klargemacht, warum das besser ist.

Loslassen

Sie können nichts festhalten. Nicht mal ihr eigenes Leben. Wir müssen lernen, loszulassen. Das ist auch ein Baustein der Lebenskunst. Wir werden uns von allem verabschieden müssen. Von den Kindern, die ausziehen, den Eltern, die vor uns sterben. Letztendlich uns selbst und unser eigenes Leben. Das sind Prozesse, die zum Leben dazugehören. Wir können Sie nicht stoppen, sollten wir das probieren werden wir verzweifeln. Wir können Abschied nehmen, wir können uns verabschieden, Prozesse der Natur aufhalten, können wir nicht. Wir sollten frühzeitig akzeptieren, dass das so ist. Wer versucht, krampfhaft etwas festzuhalten, wird es erst recht verlieren. Es wird ihm genommen, nur er hat dann keine Chance mehr sich zu verabschieden. Das Loslassen bezieht sich auf alle Bereiche des Lebens. So muss man seine Partnerschaften auch ständig überprüfen. Manchmal wird man verlassen, das kann man nicht ändern. Oft muss man sich aber auch von jemanden trennen, weil man einfach nicht weiter kommt und es nicht passt. Natürlich tut das weh. Überhaupt kann loslassen manchmal sehr schmerzhaft sein. Teilweise muss man sein ganzes Leben ändern. Immer wenn Emotionen im Spiel sind, ist es nicht einfach. Ab und zu wird man wieder von den Erinnerungen überwältigt. Manchmal stellt man fest, dass man das, was man losgelassen hat, besser in seinem Leben behalten hätte. Teilweise kann man es wieder zurückholen,oft ist es für immer verloren.

In einem gestalteten Leben muss man Prioritäten setzen. Auch Entscheidungen treffen. Wenn man sich weiter entwickeln will. Den Schmerz muss man dann eben halt erwarten. Schmerz und Leid gehören zum Leben. Auch, dass man falsche Entscheidungen trifft und Fehler macht, muss man aushalten. Es ist sehr schwer zu akzeptieren, doch je eher wir das tun, desto besser für uns. Wir werden nicht sterben. Sondern hoffentlich leichter und besser weiterleben. Also lassen Sie los.

Frust aushalten

Wer loslässt, muss auch den Frust aushalten. Natürlich sind Entscheidungen immer mit einer gewissen Unsicherheit verbunden. Es passiert auch, dass man sich falsch entscheidet. Dass man Entscheidungen trifft, die man nicht mehr korrigieren kann. Doch besser einmal eine falsche Entscheidung zu treffen, als gar keine. Bereuen und bedauern sind höchstens Gefühle, um daraus zu lernen, sonst nutzen Sie nicht. Man kann die Vergangenheit nicht korrigieren, man kann aus ihr lernen. Die Zukunft kann man jetzt in der Gegenwart gestalten. Leben bedeutet immer bewegen und immer nach vorne gehen. Man entwickelt sich immer in die Zukunft weiter. Jetzt ist immer ein Ereignisraum. Was sich in diesem Raum ereignet, haben Sie in der Vergangenheit entschieden. Das Menschen nicht immer gute Gefühle haben, ist klar. Mit den schlechten Emotionen muss man klar kommen, wobei das bewusste Denken hilft. Denken und Emotionen gehören zusammen. Sie können ihre Gefühle steuern, auch wenn das nicht einfach ist.

Wer loslässt, hat die Hände frei

Um etwas Neues in ihr Leben hinein zu bekommen, müssen sie erst mal Platz dafür schaffen. Wenn ihr Leben voll ist, wo ist dann Platz für Neues. Das gilt für Räume aber auch für ihr soziales Leben. Es gibt Menschen, die tun einem gut und es gibt genauso Menschen, die ziehen ständig Energie ab. Ich komme immer wieder auf Gewohnheiten zurück. Weil es sind meistens Gewohnheiten, man ruft aus Gewohnheit an, manche Menschen begleiten einem schon lange Zeit. Man verbringt Zeit mit Ihnen, doch wenn man ganz ehrlich ist, bringt es einem selbst nichts. Dann sollte man vielleicht den Kontakt begrenzen, einschränken. Ich denke, Sie wissen, was ich meine. Wer auf jeden Fall schon mehrfach von einem Menschen enttäuscht wurde, sollte die Konsequenzen und die Notbremse ziehen. Manchmal wünscht man sich etwas anderes, aber die Umstände sind eben so, wie sie sind. Wir können andere Menschen nicht ändern. Es ist ja schon wirklich schwer, sich selbst zu ändern, akzeptieren wir es, wie es ist. Hinfallen und aufstehen, weitergehen. Es ergibt sich immer wieder etwas Neues. Aber nur wenn man weitergeht. Wer liegen bleibt, hat keine Chance auf Besserung und

Änderung. Lassen Sie los, und freuen Sie sich auf das Neue. Es wird kommen, mit Garantie.

Warum loslassen so schwer ist

Warum ist Loslassen so schwer? Ich denke, loslassen hat viel mit dem Aushalten von Unsicherheit zu tun. Menschen vermeiden Unsicherheit. Sie tun alles, um eine vermeintliche Sicherheit zu haben. Religion ist auch eine Versicherung. Eine Lebensversicherung ist natürlich keine Lebensversicherung, sondern eine Versicherung für den Todesfall. Nur kein Mensch würde eine Todesversicherung kaufen. Loslassen bedeutet auch immer eine Zeit der Leere. Weil in dem Moment, in dem man loslässt, oder losgelassen wird, ist diese Stelle nicht besetzt. Wenn eine Partnerschaft zerbricht oder man trennt sich von seinem Partner, ist man erst einmal alleine. Hat man das selbst aktiv gewählt, ist es noch ein Unterschied zum verlassen werden. Wer loslässt, hat zwar die Hände frei, muss aber die Unsicherheit aushalten was und ob überhaupt etwas Neues kommt. Da hilft auf jeden Fall die Zuversicht. Obwohl wir uns auf schwankenden Boden bewegen, müssen wir immer nach vorne gehen. Wer stillsteht, geht in Wirklichkeit zurück. Leben kann man nur nach vorne, nach hinten kann man schauen, sagt Kierkegaard. Wir müssen gehen. Natürlich gibt es Gefühle von Trauer und auch Angst. Gelogen wäre es, wenn ich sagen würde, ich hätte diese Gefühle nicht gehabt. Jeder der sich mit diesem Thema befasst, muss sich auch mit den

Themen Trauer und Schmerz auseinandersetzen. Und da wir Menschen ja in der Lage sind, Gefühle vorwegzunehmen, kommen wir dann natürlich wieder in dem Bereich der Angst. Was die Alternative zum Loslassen? Festhalten um jeden Preis, in der Angst verharren? Das würde Stillstand und ein blockiertes Leben bedeuten. Es gibt keine Alternative zum Loslassen und zur Veränderung, denn nichts anderes ist ja das Loslassen. Damit auch zum Schmerz und zur Trauer. Wir wissen einfach, dass das passiert, nie ist alles nur schlecht, immer gab es auch etwas Gutes. Trotzdem haben wir eine Entscheidung getroffen, wohl wissend um die Kosten, die auch diese Entscheidung auf der emotionalen Ebene entstehen lässt. Wir müssen uns damit abfinden und anerkennen das es einfach so ist. Da hilft der Spruch:" Die Zeit heilt alle Wunden!" Und das ist einer von diesen Sprüchen, die wirklich stimmen.

Loslassen braucht Mut

Wie oben schon geschrieben, gilt es den Schmerz und die Trauer und die Unsicherheit auszuhalten. Dafür brauchen wir den Mut. Die Kraft und den Willen die Dinge die auf uns zukommen auszuhalten und zu überwinden. Denn es werden Zeiten der Unsicherheit ,des Zweifels und der Trauer auf uns zukommen. Aber das ist doch gerade die Polarität des Lebens. Ohne Trauer und Leid gibt es keine Freude und Heiterkeit. Wer hochsteigen will, muss auch tief fallen können. Es bedarf des Mutes und der Zuversicht, um bewusst loszulassen, und sich auf das zu freuen,was Neues in das eigene Leben kommt. In dem Bewusstsein, das wir damit klarkommen, egal was passiert. Wir können uns nicht auf alles vorbereiten, aber wir haben die Widerstandskraft, um damit fertig zu werden. Selbst wenn es eine Zeit geben wird, in denen es schlechter ist als jetzt. Wir wissen, dass wir aus diesem tiefen Tal wieder hinaufsteigen werden und dann die Sonne genießen werden. Für mich ist wichtig, anzuerkennen das Veränderung, zum Leben gehört. Manchmal erleben wir Veränderung passiv, oft müssen wir auch eine Veränderung aktiv anstreben. Tun wir das, bedeutet das immer auch das Aushalten von Unsicherheit, Schmerz und eventuell Trauer. Natürlich entspringen alle Gefühle unserem Gehirn. Wir erschaffen diese Gefühle letztendlich, sie haben auch eine Bedeutung. Wichtig ist, nur zu verstehen, dass wir sie selbst entstehen lassen. Wie auch immer, sind es Zustände unseres Denkapparates. Diese Zustände werden auch wieder vorübergehen in dem wir etwas anderes denken, lassen wir andere Zustände, andere Gefühle entstehen. Gefühle sind nicht etwas, das von außen in unserem Kopf kommt. Sondern es ist eine Reaktion unseres Geistes. Wenn wir traurig sind, ziehen wir uns zurück und brauchen Ruhe. Vielleicht ist das der Sinn von traurig sein? Auf jeden Fall sollten wir von Zeit zu Zeit überprüfen, ob die Umstände in denen wir leben, uns guttun oder uns Schaden. Wenn sie schädlich sind und wir sie nicht ändern können, sollten wir darüber nachdenken, uns andere Umstände zu suchen und diese schädigenden

Umgebungen zu verlassen, loslassen. Auch wenn wir dadurch in einer Unsicherheit Leben.

Proaktiv

In dem Kapitel über Frösche und Buddhas habe ich schon die Erdulder und Gestalter Haltung beschrieben. Wenn wir losgelassen haben, müssen wir die Lücke in unserem Leben allerdings auch wieder richtig füllen. Dazu müssen wir auf jeden Fall proaktiv sein. Wir können nicht abwarten, dass sich irgendetwas von selbst ergibt. Im Gegenteil, wir müssen ständig im außen sein und Resultate liefern. Dann haben wir nach dem Kausalgesetz eine Chance auf die gesuchte gewünschte Wirkung. Von selbst passiert eben halt nichts. Wir dürfen auch nicht vergessen, dem Zufall eine Chance zu geben. Viele erfolgreiche Firmen, haben mit dem falschen Produkt angefangen, sich dann aber immer weiter in die richtige Richtung entwickelt. Es muss auf jeden Fall die Richtung stimmen, in der man geht und handelt. Da Menschen Gewohnheitstiere sind, vergessen sie oft neue Handlungen, Suchen etc. zu initiieren. Sondern machen immer dasselbe so weiter. Wer aber immer dasselbe tut, kann schwerlich etwas Neues erwarten! Schreiben Sie jeden Monat die Projekte auf, die offen sind und die Aktionen, mit denen sie die Projekte abschließen wollen. So können Sie jeden Monat oder alle drei Monate überprüfen, wie weit sie gekommen sind. Ob es einen Fortschritt gegeben hat, sie eventuell Projekte als erledigt abschließen können. Kontrolle ist auch hier wichtig, um zu sehen, ob die Maßnahmen ausreichend und richtig waren.

Zuversicht und Selbstwirksamkeit

Loslassen bedeutet, sich zu trennen. Es fällt etwas weg. Man trennt sich von Sachen und Dingen die zu viel Platz im Leben einnehmen. Man trennt sich von Menschen, mit denen man diesen Weg nicht weitergehen möchte. Es fallen Strukturen und Gewohnheiten weg. Manchmal springt man in einen leeren Raum. Das macht vielen Menschen Angst, Sie möchten diese Unsicherheit nicht aushalten. Einige versuchen dann schon vorher für Ersatz zu sorgen. Ob es in einer Partnerschaft ist, in der man dann eine Nebenbeziehung aufbaut. In meinem schon etwas längeren Leben hat es natürlich auch immer wieder Zeiten von Trennungen und loslassen gegeben. Ich wusste aber immer, dass ich in der Lage bin mit dieser Situation klar zukommen. Aus der Vergangenheit hatte ich das Vertrauen, dass es immer weitergeht. Ob in einer Beziehung, die ich aufgeben musste oder in einem Job. Immer war ich in der Lage für etwas Neues zu sorgen. Diese Kompetenz, Selbstvertrauen und Selbstwirksamkeit muss man erfahren. Man kann Selbstvertrauen und Selbstwirksamkeit aber nur aufbauen, wenn man es erlebt hat. D. h. man weiß um die eigenen Möglichkeiten. Dann fällt es leichter, etwas loszulassen. Denn nach loslassen kommt das wieder einlassen, zumindest wenn es um Partnerschaft und Freundschaft geht. Springen Sie, sie werden gehalten, und steigen als ein anderer Mensch wieder auf. Wenn Sie einmal diese Erfahrung gemacht haben, erinnern Sie sich daran, wenn es mal wieder nötig wird. Sie schaffen es! Was ist besser, ein Schrecken ohne Ende oder ein Ende mit Schrecken. Trauen Sie sich, haben Sie Mut. Der mutige Mensch wird belohnt.

Alte Gewohnheiten identifizieren und lassen.

Von Zeit zu Zeit müssen wir unser Leben überprüfen. Meist leben wir in einer Art Automatikmodus. Ich glaube mal gelesen, zu haben, dass 60-70 % unseres täglichen Zeitverbrauchs aus Routinen bestehen. Ich finde es aus eigener Anschauung glaubhaft. Meist bemerken wir das gar nicht, weil wir, während die Routinen automatisch ablaufen, in unserer eigenen Denkwelt unterwegs sind. Ich war schon einmal ganz in Gedanken auf dem Weg zur Arbeit, obwohl es Wochenende war. Weil einfach der Automatikmodus lief. Schreiben Sie einmal 2-3 Tage auf, wie sie ihre Zeit verbringen. Vielleicht einmal am Wochenende und einmal in der Woche. Weil die Abläufe werden sich unterscheiden. Schreiben Sie auf, wann sie aufstehen, was sie danach tun die, die Fahrt zur Arbeit. Ob sie tanken, ob sie nach dem Tanken etwas kaufen, usw. Bis sie abends zu Bett gehen. Vergessen Sie nichts! Schreiben Sie auch scheinbar Nebensächliches auf. Wie Telefonate, Gespräche. Wenn Sie eine Übersicht über die Abläufe ihres Tages haben, suchen Sie nach Mustern. Was wiederholt sich täglich oder am Wochenende. Sind es lange Telefonate, mit wem? Machen Sie hinter jeder Tätigkeit ein Zeichen, zum Beispiel Grün für o. k. oder nötig. Rot für unnötig, bringt nichts, weglassen. Gelb vielleicht für neutral und beobachten.

Kontrolle

Erst einmal vorweg, ich glaube nicht, dass man sein Leben perfekt planen kann. Ich denke aber, dass man unnütze Tätigkeiten und Ausgaben sehr wohl identifizieren und stoppen kann. Doch dazu müssen wir erst einmal eine Übersicht haben. Im Internet gibt es jede Menge Tools oder für die jeweiligen Smartphones gibt es Apps. Mit denen man sehr genau die Zeit und die Ausgaben kontrollieren kann. Ich denke, es ist gut, sich von Zeit zu Zeit eine Übersicht darüber zu verschaffen. Gewohnheiten schleichen sich ins Leben. Ich gehe zum Beispiel öfters einkaufen, und gebe dabei jedes Mal, fast täglich 5-6 Euro für irgendwelche Nebensächlichkeiten aus. Es summiert sich. Dann habe ich noch diverse Abos, über Zeitungen, Hörbücher, Streamingdienst etc. Hat sich irgendwann ergeben, ich hab's abgeschlossen, aber nicht gekündigt. Der Blick auf dem Kontoauszug, tut ja nicht so weh, wenn man es nicht regelmäßig macht. Ich glaube auch, dass es gut ist, wenn man mal die Kontoauszüge von vor einem Jahr und die aktuellen Ausgaben kontrolliert. Um Unterschiede und Auffälligkeiten zu sehen. Schließlich ist Geld auch

Energie und Zeit die wir gebraucht haben dieses Geld zu verdienen. Kontrolle ist wichtig. Genauso sollten Sie Ihre Fortschritte dokumentieren. Nur wenn sie ihre Anstrengungen aufzeichnen, können Sie sehen, ob sie vorankommen. Sonst agieren sie im luftleeren Raum. Wenn es in ihrem Leben eine Entwicklung geben soll, bleibt ihnen das nicht erspart.

Loslassen und Priorisierung

Wer etwas loslassen will, muss natürlich wissen was. Dazu braucht es eine Entscheidung oder Priorisierung. Was ist wichtig, was ist wichtiger? In eine bestimmte Zeit, verschiedene Aufgaben zu packen, bedarf einer Planung. Was soll zuerst getan werden, was ist am wichtigsten, bei welcher Aufgabe erwarte ich die besten Ergebnisse. Welche Ergebnisse sind wirklich wichtig für mich. Ist das Treffen mit alten Freunden wichtiger als Partnersuche? Ist der Besuch der Eltern wichtiger als das Treffen mit Freunden. Könnte sein, man weiß nicht wie lange man seine Eltern noch hat.

Aussortieren und weglassen

Sortieren Sie alles aus, was sie schon lange nicht mehr benötigt haben. Trennen Sie sich von nutzlosen Ballast. Ich bin einmal von einem Haus mit 150 m² in eine Einzimmerwohnung mit 40 m² gezogen. Der Unterschied betrug 2300 kg. Davon habe ich mich getrennt, so rigoros, dass sogar mein Kfz-Brief mit entsorgt wurde. Danach ging es mir besser. Mit leichten Gepäck reist es sich besser. Ich musste mich auch von vielen Büchern trennen. Die in meinem Haus ein großes Zimmer bewohnten. Jetzt kaufe ich nur noch Bücher,die ich auf Lesegeräten mit mir nehmen kann. Es geht dabei zwar einiges verloren, die Haptik und das Aussehen, alte Bücher haben auch etwas Besonderes an sich. Doch der Preis, den ich für den Luxus zahlen musste, war einfach zu hoch. In dem Haus hatte ich auch einen gut ausgebauten Keller. Doch als ich mich schon im Haus trennte, brauchte ich auch die ganzen Gartengeräte nicht mehr. Wie gesagt, danach ging es mir besser. Genauso gehe ich von Zeit zu Zeit alle meine Abos durch. Ich brauchte sie irgendwann in meinem Leben einmal, doch jetzt nicht mehr. Sie sind nur eine Zahl auf meinem Kontoauszug, doch Geld ist auch Energie. Diese Energie verwende ich lieber für etwas anderes, das mir Spaß macht. Überlegen Sie was Sie noch in ihrem Leben haben wollen und dann trennen Sie sich. Schieben Sie die Trennung aber nicht auf die lange Bank. Vielleicht kennen Sie das, sie wollten irgendwann kündigen, haben das vergessen, und schon ist das Geld weg. Für nichts. So ist es mir jedenfalls schon oft ergangen und jedes Mal habe ich mich darüber geärgert. Manchmal erschweren Anbieter auch die Kündigung. Dann muss man durch diese Schwierigkeiten durchgehen.

Aufmerksamkeitscheck

Wo ist ihre Aufmerksamkeit? Sie wissen es, genau an dem Ort, an dem sie nicht sein sollte. Meine Schwester, hat eigentlich alles, was man sich wünschen kann. Ein schönes Haus, einen perfekten Mann, Auto gesunde Kinder und Enkelkinder. Trotzdem ist sie nicht glücklich. Weil ihre Gedanken sind an einen Ort, in einer Situation, die sie nicht ändern kann. Ständig kehren ihre Gedanken dorthin zurück. Das macht sie natürlich nicht glücklich. Ich habe ihr gesagt, sie sollte loslassen. Aber das ist wahrscheinlich schwierig für sie, denn dort sind auch für sie wichtige Emotionen. Es geht um Anerkennung und Wertschätzung. Wenn Sie jetzt einmal richtig überlegen würde, was sie alles hat. Wie reich das Leben sie beschenkt hat, dann sollte sie glücklich sein. Aber sie kommt nicht einmal darauf, über das, was sie hat, nachzudenken. Sondern schaut nur auf das, was eh nicht zu ändern ist. Ich denke so, geht es vielen Leuten, sie vergessen das gute, was sie haben. Das viele Gute, stattdessen schauen Sie auf das wenige, was nicht funktioniert. Das sie dazu auch nicht ändern können. Sodass ihre ganzen Kopfschmerzen und Grübeleien nicht weiterhelfen. Im Gegenteil, sie denken sich in ihr Elend direkt hinein. Einer meiner Lebensregeln geht so, Elend und Not zieht Elend und Not an. Menschen die in diesem Zustand leben bekommen das, was sie sehen immer wieder in ihr Leben gepackt. Würden Sie Gesundheit und Fülle sehen, wären Gesundheit und Fülle in ihrem

Leben. Jeder bekommt das, worauf er fokussiert, das ist eben da, wo auch die Aufmerksamkeit ist. Darum dieser Aufmerksamkeitscheck. Achten Sie darauf, was Sie jetzt denken und was in ihrem Fokus ist. Ist der Fokus auf etwas Defizitäres gerichtet, etwas Negatives, müssen Sie damit rechnen dass sie etwas Negatives in ihrem Leben wenn nicht schon haben, so doch bald hineinziehen werden. Eben weil sie ihre Aufmerksamkeit darauf gerichtet haben. Sie finden es, das ist das Gesetz der Anziehung. Ändern Sie Ihren Fokus, schauen Sie auf das, was funktioniert, sehen Sie die Fülle und das Wunder unserer Welt und ihrer eigenen Existenz. Denken Sie darüber nach, was sie alles in ihrem Leben an wunderbaren Dingen haben. Schauen Sie nicht auf die einzelnen kleinen Dinge, die nicht funktionieren. Meist erledigen sich diese Dinge, wenn wir sie nicht beachten. Indem wir unsere Aufmerksamkeit darauf richten, geben wir Ihnen Energie. Das wollen wir doch gar nicht. Versuchen Sie es einfach einmal mit den Methoden, die sie jetzt in diesem Kapitel gelesen haben. Schauen Sie sich die Dinge an die funktionieren, seien Sie dankbar dafür. Blicken Sie auf das Positive, seien Sie zuversichtlich. Denken Sie daran, sie wollen gute Dinge in ihr Leben ziehen. Also verschwenden Sie nicht ihre Gedanken an negative Zustände und Dinge. Denken Sie an das tolle, volle Leben, das sie jetzt haben. Ziehen Sie Ihre Gedanken ab von Dingen, die sie nicht beeinflussen können.

Reden Sie nicht schlecht über andere Leute

Dies ist eine ganz einfache Regel. Reden Sie nicht schlecht über andere Leute. Warum sollen sie das nicht tun? Nun, sie vertun wieder mal ihre Zeit mit schlechten Gedanken. Über das negative, das andere Menschen tun, sollten Sie keine Gedanken verwenden, wenn es sie nicht selbst betrifft. Stimmen Sie nicht in das Mobbing ihrer Kollegen ein. Ziehen Sie sich daraus. Außerdem sollte man Menschen nicht nach einzelnen Charakterzügen oder Handlungen beurteilen. Was geht Sie überhaupt an, was andere Menschen sagen, tun etc. Vielleicht widerstrebt das, was andere Menschen tun, ihren eigenen Einstellungen. Doch ihre eigenen Einstellungen sind auch wiederum Konstrukte. Es gibt so viele Persönlichkeiten, wie Menschen, Milliarden. Keiner ähnelt genau dem anderen. Jeder Mensch hat das Recht auf Individualität. Woher wollen Sie sich überhaupt das Recht nehmen, andere Menschen zu beurteilen. Was bringt ihnen das, außer dass sie in der Gemeinschaft der anderen mit hetzen. Lassen Sie das! Beschmutzen sie nicht den Leumund anderer Menschen. Seien Sie neutral. Mein Motto: Leben und leben lassen. Sie sind auch nicht fehlerfrei. Steht schon in der Bibel: wer ohne Sünde, der werfe den ersten Stein. Keiner hat geworfen. Lassen Sie mal wieder etwas sein. Lästern Sie nicht! Dies ist eine kleine Regel, die aber sehr schwer einzuhalten ist, wenn Sie die Gewohnheit gebildet haben, über andere Menschen Gericht zu halten. Sie sind kein Richter!

Buddha oder Frosch

Sie haben die Wahl, wollen Sie ein Buddha sein der in sich ruht oder ein Frosch, der permanent vor sich hin quakt. Der Buddha ist entspannt im Hier und jetzt, er bewertet nicht, sondern beobachtet. Entspannt. Der Frosch ist nie im Hier und Jetzt sondern entweder in der Vergangenheit oder in der Zukunft. Er bewertet ständig und malt sich die schrecklichsten Szenarien aus. Er hat eine Menge Kumpels, die genauso quaken wie er. Sie haben ja auch viele Gemeinsamkeiten. Viele Feinde, und eine ungerechte Welt. Schließlich bemühen sie sich, und machen so viel, doch keiner dankt es ihnen. Sie hätten viel mehr Geld und Anerkennung verdient, doch das Leben ist einfach ungerecht. Während sie es schwer haben, werden andere mit goldenen Löffeln geboren. Sie quaken und quaken, sitzen aber in Wirklichkeit in einem Eimer. Würden sie sich zusammen tun, könnten Sie aus diesen Eimer entkommen. Doch das wollen sie im Grunde gar nicht, sie haben sich bequem in ihrer Rolle als Opfer eingerichtet. Sie wissen, wo Sie dran sind, und das reicht ihnen. Absolute Freiheit wäre nichts für Sie. Denn dann wären sie ja absolut verantwortlich. Es ist schon bequem als Frosch in der Opferrolle mit vielen Kumpels. Da hat es der Buddha schon schwerer. Er ist allein. Trägt alle Verantwortung. Macht aber kein Aufsehen davon, sondern geht seinen Weg. Mal ist der Weg schwer, es geht bergauf und eng, mal geht er auf einer breiten Straße den Berg herunter. Oft scheint die Sonne, manchmal regnet es. Er weiß, dass Schwierigkeiten zum Leben gehören, beklagt sich nicht, sondern ist dankbar für das Leben, dass er führen kann. Der Buddha hat den Überblick. Der Frosch sitzt im Eimer, er sieht nur andere Frösche. Ich denke, Frösche haben es einfacher.

Leben aufräumen

Räumen Sie ihr Leben auf. Wie viel Dimensionen hat ihr Leben? Es sind die drei räumlichen Dimensionen und die Dimension Zeit. Sie sind eine historische Persönlichkeit. Ihre Geschichte hat einen Anfang und ein Ende. Im Laufe der Zeit hat sich in den räumlichen Dimensionen durch die Zeit die sie schon erlebt haben, einiges angesammelt. Damals passte es, sie brauchten eine große Wohnung für ihre Familie. Jetzt leben sie immer noch in dieser großen Wohnung, sind aber mittlerweile zu zweit oder vielleicht sogar allein. Damals hatten sie eine Garage gemietet, damit sie ihren Zweitwagen geschützt unterbringen konnten. Den Zweitwagen haben sie nicht mehr, die Garage aber schon. Statt einem Auto steht dort viel

Gerümpel herum. Das meine ich mit Leben aufräumen, die vielen Dinge, die sich angesammelt haben, irgendwann hatten sie vielleicht sogar einmal einen Grund, doch jetzt brauchen wir sie nicht mehr. Wir müssen schauen, was von den Dingen und alten Gewohnheiten die in unserem Leben sind, unnütz ist. Alle Dinge und Gewohnheiten, die wir in unserem Leben halten, kosten unsere Aufmerksamkeit, unseren Raum, unsere Zeit und unser Geld.

Ordnung und Struktur den jetzigen Bedürfnissen anpassen

Wie ich im vorherigen Kapitel schon geschrieben habe, ergibt sich unser jetziges Leben aus der Vergangenheit. Aus Entscheidungen, die wir in der Vergangenheit getroffen haben. Damals waren sie in Ordnung und angemessen. Mittlerweile hat sich unser Leben aber verändert. Wir sind in einem anderen Lebensabschnitt. Darum müssen wir die Gegebenheiten und Gewohnheiten permanent überprüfen. Wir müssen sie anpassen, an die jetzigen Gegebenheiten. Da wo wir jetzt im Leben stehen. Die Strukturen müssen so angepasst werden dass sie uns nutzen und nicht behindern. Vielleicht hatten sie in der Vergangenheit eine große Familie, sie brauchten ein Haus. Das Haus lag weit weg von ihrer Arbeitsstelle, sodass sie ständig pendeln mussten und stundenlang im Auto saßen. Jetzt ist ihre Familie kleiner, die Kinder sind außer Haus, vielleicht sind sie auch alleine. Sie brauchen kein Haus mehr. Vielleicht eine 2-3 Zimmerwohnung. Diese finden Sie in der Nähe ihrer Arbeitsstelle . Sodass sie viel Zeit und Energie sparen können.

Produktiver werden

Jeder Mensch kann produktiv werden und seine Produktivität steigern. Was bedeutet das eigentlich, seine Produktivität zu steigern? Die Antwort ist einfach, schauen Sie auf den Output. Was kommt bei meinen Tätigkeiten heraus? Für mich als Schriftsteller ist die Antwort einfach, ich sehe jeden Tag, wie viel ich geschrieben habe. Wie viele Wörter, und dokumentiere das. Jeden Abend habe ich ein Ergebnis. Entweder null, dann war ich nicht produktiv. 2000 Wörter sind ungefähr vier DIN-A vier Seiten. Damit lässt sich leben, wenn ich das jeden Tag schaffe. 2000 Wörter dafür brauche ich einige Stunden. Ich schaffe das nur, wenn ich in der Zeit nichts anderes tue. Das bedeutet, ich muss die Handlung, die ich ausführen will, priorisieren, ich muss ihr Vorrang geben vor all den 1000 anderen Möglichkeiten die ich jetzt in dieser Sekunde habe. Das Schreiben, Laufen, Aufräumen, Meditieren, Buchführung machen hat jetzt die oberste Priorität. Es gibt nichts Wichtigeres. Wenn Sie das berücksichtigen, alles was keinen Output hat weglassen, dann werden sie wirklich produktiv. Es ist nicht schwer und sollte zu einer Gewohnheit werden. Nur das, was nach außen kommt, zählt. Es zählt nicht das, was sie **tun** wollten, möchten, sondern nur das, was sie getan haben. Das Ergebnis. Daran kann man sie messen, daran können auch Sie sich messen. Aktiv sein statt passiv konsumieren.

Verzetteln

Ich kenne viele Menschen, die ebenfalls gute Ideen haben, aber diese Ideen nie in die Realität umgesetzt bekommen. Woran liegt das? Das liegt daran, dass diese Menschen sich immer wieder ablenken lassen. Sie verzetteln sich. Fangen hier etwas an, dass sie nach einiger Zeit liegen lassen, ohne es zu Ende zu bringen. Dann folgt das nächste Projekt, mit dem gleichen Ergebnis, nämlich null. So vertun sie ihre Zeit und ihre Energie. Menschlich, doch absolut schädlich, selbst schädigend. Ein Mensch, der nie ein Erfolgserlebnis hat, wird schwerlich ein gesundes Selbstwertgefühl aufbauen können. Er wird sich nie eine etwas größere Aufgabe zutrauen. Weil er ja kein Selbstwertgefühl hat. Wie ich oben schon geschrieben habe, ist es so wichtig, seine Aufmerksamkeit zu kontrollieren und auf einen Punkt zu lenken. Den Fokus auf eine Aufgabe im Hier und Jetzt. Dranbleiben, nicht ablenken lassen. Wer jeden Tag 5 m in die richtige Richtung geht, kommt an. Wer aber jeden Tag 100 m im Kreis läuft, wird nie sein Ziel erreichen. Fokussieren und Konzentration kann man lernen. Wenn man will.

Der letzte Meter

Vielleicht kennen Sie das, man beginnt etwas, aber schließt es nicht ab. Es ist genau wie bei einem Tunnelbau, bei dem der letzte Meter fehlt. Auf diesen letzten Meter auf die letzten Zentimeter kommt es aber an. Manche Menschen haben Angst ihr Projekt, fertig zu stellen, weil sie sich dann der Öffentlichkeit stellen. Dann ist es fertig, das Buch, das Bild oder das Werkstück. Sie haben Angst vor Kritik. Angst vor anderen Leuten schlecht dazustehen. Sich kritisieren lassen möchten Sie nicht. Sie sehen Kritik nicht konstruktiv, sondern als abwertend für ihre Person. Schließen Sie den letzten Meter ab, der einzige Mensch, der sie abwerten kann, sind sie selber. Lernen Sie aus der Kritik, wenn es konstruktive Kritik ist. Wenn nicht, lassen Sie es an sich abgleiten. Unangemessene Kritik zeigt eher auf den Kritiker als auf Sie selbst. Lernen Sie. Erzeugen Sie mehr Output, in dem sie die letzten Meter ihrer alten Projekte zu Ende bringen. Ich habe schon mit vielen Menschen gesprochen, die auch gerne schreiben würden. Teilweise haben Sie schon fertige Manuskripte in ihren Schubladen. Doch sie bringen Sie nicht raus. Fertig werden, den Kopf frei haben. Darüber habe ich übrigens auch ein Buch geschrieben. Wie wichtig es ist die offenen Enden aus dem Kopf herauszubekommen und damit Platz zu haben für andere Projekte. Wer den letzten Meter nicht schafft, behindert sich immer selbst. Es ist wie eine Mauer, eine unsichtbare Mauer, von der er gebremst wird.

Überwinden Sie sich selbst, sie werden belohnt. Glauben Sie mir!

Schlechte Gefühle bei sich lassen

In diesem Buch habe ich ihnen keine guten Gefühle versprochen. Ich habe nur davon gesprochen, dass ihr Leben einfacher wird und produktiver. Wer gute Gefühle sucht, sollte in einen Süßwarenladen gehen. Gerade am Anfang unserer Reise ins Land des Loslassens, werden sich oft negative Gefühle einstellen. Das kann Langeweile sein, das kann Unlust sein. Wenn Sie jetzt versuchen, diese Gefühle zu vermeiden, was nur geht in dem sie eine andere Handlung ausführen oder ihr Denken ändern. Denken ändern geht ja noch, wenn sie aber etwas anderes als die geplante Handlung ausführen und sich ablenken lassen, ist ihr Projekt schon wieder gescheitert. Wieder mal! Ziehen Sie doch einmal etwas wirklich durch. Ich weiß genau, wie schwer das ist! Wahrscheinlich mehr wie viele andere, doch ich hab's auch gemacht. Ich bin dran geblieben. Ich hab mich auf den Arsch gesetzt. Es war nicht immer toll, doch ich hab's gemacht und mich selbst überwunden. Mehr kann man eigentlich nicht erreichen, und ich gratuliere Ihnen, wenn Sie das auch schaffen. Es ist nicht so schwer, wie man denkt. Man muss es machen. Einfach machen und dann raushauen. Auf die Gefühle dürfen Sie dabei nicht achten. Meinen Sie, morgen hätten sie andere Gefühle? Gefühle kommen aus der Vergangenheit, sie halten unseren

Status quo fest. Das, was wir erlebt haben, kennen wir schon, damit können wir umgehen. Wahrscheinlich hat Faulheit einen zutiefst evolutionären Hintergrund. Faule Menschen sind meist in Sicherheit. Gott sei Dank gab es unter unseren Vorfahren auch risikobereite und fleißige Menschen, sonst würden wir wahrscheinlich noch in Höhlen leben. Vergessen Sie schlechte Gefühle, vergessen Sie Schmerzen. Wenn sie erfolgreich sind, denken Sie nie wieder an diese Schmerzen. Schmerzen können nur bis zu einem bestimmten Grad steigen, dann gehen sie wieder runter. Es ist ein Gesetz ihres Körpers. Warten Sie nie auf bessere Stimmung, lieben sie den Schmerz, denn er bringt sie weiter. Gehen Sie über die Schwelle, schaffen Sie sich eine neue Welt und erringen Sie den Höchstpreis.

Seien Sie ein Meister, der übt

Ich verrate Ihnen jetzt ein Geheimnis, Sie wissen schon alles, was sie tun müssen! Sie wissen genau , was sie brauchen, um ihr Projekt fertigzustellen. Sie wollen einen Marathon laufen, sie wissen genau, was sie tun müssen. Alles steckt schon in ihnen. Sie besitzen Meisterschaft im Leben. Doch sie können es nicht rausbringen. Tun Sie es, Sie sind ein Meister, der übt. Bis ihrer Meisterschaft offensichtlich ist. Ich glaube an Sie. Zeigen Sie es sich selbst und der Welt. Sie müssen nicht von der Pike auf lernen, denn vieles steckt schon in ihnen. Fertig. Sie müssen es nur noch trainieren. Übung macht den Meister, an diesen Spruch ist immer noch viel dran.

Sein lassen

Loslassen ist oft lassen, im Sinne von nicht handeln. Passiv, aber nicht abwartend in dem Sinne von mal sehen was kommt! Sondern einfach nichts tun. Gerade im Bereich von Partnerschaft kommt dann immer wieder der andere Partner in den Sinn. Man möchte Kontakt, wissen wie's ihm geht. Doch dadurch kratzt man sozusagen immer wieder die Wunde auf. Bereitet sich wieder auf den nächsten Schmerz vor, der kommt. Hier gilt wieder das alte Sprichwort: Zeit heilt alle Wunden!Dadurch dass sie immer wieder an den anderen denken, oder Kontakt aufnehmen, aktivieren Sie wieder neuronale Verbindungen in ihrem Kopf, die wieder aktiv werden und ihnen keine Ruhe geben. Lassen Sie es einfach sein. Nehmen Sie einen Block, schreiben Sie rauf Versuchung. Machen Sie jedes Mal ein Strich, wenn sie das Bedürfnis haben zu schreiben oder anzurufen. Aber lassen Sie es! Es bringt sie nicht weiter. Im Gegenteil. Wenn eine Beziehung kaputt ist, gibt es einen Grund dafür. Dieser Grund bleibt, auch wenn sie wieder anfangen. Lassen Sie es einfach sein, ein gutes Mittel gegen Liebeskummer ist, etwas Neues zu suchen. Obwohl es manchmal besser ist, eine Zeit alleine zu bleiben.

Menschen lassen

Genauso, wie in einer Partnerschaft muss man auch andere Menschen loslassen, die einem nicht guttun. Zu manchen Menschen hat man eine jahrelange Verbindung, doch man merkt, dass sie einem schaden. Da muss man sich von diesen Menschen trennen. Selbst wenn es Familienangehörige sind. Man kann sich nicht immer selber schaden. Obwohl diese Menschen ein Teil der eigenen Biografie sind, muss man in seinem Leben ohne diese Menschen vorangehen.

Trauer

Manchmal ist man sehr traurig. Es hat einen Verlust gegeben, ein Mensch es von einem gegangen. Das gehört zu jedem Leben dazu. Wir werden uns von allen trennen müssen, zunächst von unseren Kindern (die aus dem Haus gehen), dann von den Eltern. Wir werden später sogar unser eigenes Leben loslassen müssen. Es ist gut, wenn es diese Reihenfolge ist, doch manchmal sterben auch Kinder vor den Eltern. Das ist dann besonders tragisch. Trauer zeigt einem den Verlust, Trauer bringt einem dazu sich, zurückzuziehen. Man hat einen Schmerz, einen Schlag erlitten. Muss sich erst einmal davon erholen. Das kann unterschiedlich lange dauern. Je nachdem wie groß der Verlust ist. Es ist ein absolut normales Gefühl. Wenn man nicht mit der Trauer klarkommt, sollte man sich Hilfe holen. Es gibt ja immer die

Polarität der Gefühle, manche sind schmerzhaft, andere bauen einen wieder auf. Wichtig ist, zu wissen, dass Trauer kein Dauerzustand ist. Es geht alles vorüber. Es dauert nur eine Zeit und wir müssen diesem Schmerz aushalten. Trauer ist manchmal sehr schmerzhaft und führt zu grübeln und bedauern. Falls Sie nicht in diese Spirale hinein. Bedauern, und bereuen bringt nichts. Vergangenheit können wir nicht zurückholen. Wir schaden uns mit Bedauern und bereuen nur selber. Hätte hätte, Fahrradkette. Manchmal muss man im Leben auch abschließen und natürlich loslassen. Führt ja zu nichts, immer in der Vergangenheit zu leben.

Loslassen und Zuversicht

Loslassen im Kontext dieses Buches bedeutet Ballast loswerden. Loslassen ohne die Zuversicht auf Neues ist natürlich kontraproduktiv. Zuversicht ist etwas anderes als Hoffnung. Zuversicht bedeutet den Glauben daran, dass es besser wird. Zuversicht geht meiner Meinung natürlich mit einem proaktiven Leben Hand in Hand. Wer zuversichtlich ist, ist auch in der Lage wieder neue Aktionen zu starten. Dadurch dass man losgelassen hat, hat man wieder Raum, Zeit und natürlich auch die Hände frei. Unser Leben ist begrenzt und endet immer mit einem Totalschaden. Gleichzeitig bedeutet die Endlichkeit des Lebens auch, dass wir unser Leben gestalten müssen. Das Leben fragt Sie, welchen Sinn sie ihm geben wollen. Wir bewegen uns sozusagen auf schwankenden Boden, wir wissen nicht, was die Zukunft bringt. Wir wissen nur, dass die Zukunft offen ist. Es gibt keine Garantie, für gar nichts, nicht mal für die nächsten Minuten. Trotzdem müssen wir nach vorne schauen und auch nach vorne gehen. Wir können unser Leben nicht vertun. Dafür brauchen wir die Zuversicht und natürlich auch das Loslassen.

Müssen

Sie müssen nichts. Meist ist das Müssen nur in unserem Kopf. Es ist auch so eine Automatik, man fühlt sich getrieben. Dabei kommt es nicht von außen. Sondern man ist so sozialisiert. Vielleicht sollten wir uns einmal einfach etwas zurücknehmen. Ich glaube, das würde uns sehr guttun. Betrachten wir unser Leben von außen, nehmen wir eine andere Perspektive ein. Schauen wir von oben drauf. Wie verbringen wir unsere Zeit? Sind wir zufrieden mit unserem Leben? Haben wir Höhepunkte in unserem Tagesablauf. Fließen die Tage so dahin, ist es schwer unser Leben? Ja, wir müssen uns damit auseinandersetzen. Meist ist Leben oder der Tagesablauf so gewachsen. Es hat sich eben halt so ergeben. Wir müssen aber nicht immer so weiterleben. Wir können unser Leben ändern. Wir können versuchen, mehr Freude und Lust in unser Leben zu holen. Dafür mehr Frust, Langeweile und Anstrengung aus unserem Leben heraus zu schmeißen. Wir sind nicht der Sklave unseres Lebens und Daseins, sondern der Gestalter. Vergessen Sie das nie. Fragen Sie sich von Zeit zu Zeit, bin ich mit meinem Leben zufrieden. Ist das Leben so, wie ich es mir irgendwann einmal gedacht hatte? Sind die Menschen in meinem Leben, mit denen ich gerne Zeit verbringen würde? Macht mein Leben Sinn? Ist mein Leben von mir gestaltet worden, oder hat es sich eben halt so ergeben? Wenn sie unzufrieden mit ihrem Leben sind, ändern Sie es. Wir können alles ändern. Nur, sie sollten nicht so lange warten. Alles kann man ersetzen, Geld, materielle Dinge nur die Zeit nicht. Und die Kausalität. Ursache-Wirkung. Es muss erst immer eine Ursache gesetzt sein, damit darauf eine Wirkung folgt. Ganz simpel und einfach. Doch viele Menschen erwarten eine Wirkung, ohne eine Ursache zu setzen. Das funktioniert nicht. Ohne Fleiß kein Preis, sagt schon das alte Sprichwort.